AF748510

मन के मोती

(50 ग़ज़लों का इंतिख़ाब)

संकलित:

मुकर्रम नियाज़

Man ke moti *(Ghazals Collection)*
By: Mukarram Niyaz
Edition: October '2025
Publisher:
Taemeer Publications LLC (Michigan, USA / Hyderabad, India)

ISBN 978-93-6908-411-1

9 789369 084111

Book	:	मन के मोती
Compiler	:	मुकर्रम नियाज़
Publisher	:	Taemeer Publications
Year	:	'2025
Pages	:	78
Title Design	:	*Taemeer Web Design*

प्रस्तावना

यह परिचय वक्त की कहानी को बड़े ही दिलचस्प अंदाज में बयान करता है, जो हर पल हमारे जिंदगी में बदलाव और उतार-चढ़ाव लाता रहता है। हर गुजरते लम्हे के साथ, जिंदगी के अलग-अलग रंग और अंदाज सामने आते हैं। यह बदलाव या तो हमारे जज़्बात में झलकता है या फिर साहित्य और कला की दुनिया में। खास तौर पर उर्दू शायरी और खास कर उर्दू ग़ज़ल में हमें ये तब्दीलियां साफ नज़र आती हैं। यही वो शायरी है, जिसमें वक़्त के बयान के साथ-साथ सामाजिक मसले भी दिखते हैं।

ग़ज़ल का सफ़र अपने रास्ते में कई मंजिलें तय कर चुका है। ये मंजिलें पुरानी कहानियों, लोककथाओं और अंदाज़ से होकर गुज़री हैं, जिनमें जिंदगी की असली हकीकतें और सामाजिक सवाल-जवाब साफ दिखाई देते हैं। इस सफ़र में नई शायरी के अंदाज़ और नए ढंग भी जगह बनाते गए हैं, जो मुद्दे के साथ मेल खाते हैं। आजकल की ग़ज़लों में नई सोच और जोश की झलक मिलती है, जो

हमें यह सोचने पर मजबूर कर देती है कि शायरी और साहित्य कभी भी स्थिर नहीं रहते, वह हर दौर के साथ बदलते रहते हैं।

यह किताब इन सारी नई और ताजा भावनाओं से भरी ग़ज़लों का बहुत ही खास संग्रह है, जिसे देवनागरी लिपि में पेश किया गया है। यह संकलन उन तमाम पढ़ने वालों के लिए एक अनमोल तोहफा है, जो न सिरफ उर्दू की खूबसूरती को समझना चाहते हैं, बल्कि उसकी मौजूदा रचनाओं से भी वाकिफ़ होना चाहते हैं। ये ग़ज़लें अपने समाज, अपनी सोच और अपनी आदतों से बातें करने का मौका देती हैं, और साथ ही हमें नए विचारों के साथ तालमेल बिठाने की प्रेरणा भी देती हैं। इस तरह, यह किताब (***मन के मोती***) एक सफर है, जो हमें आज के साथ-साथ आने वाले कल का भी रास्ता दिखाती है।

मुकर्रम नियाज़

1

हम ऐसे सोए भी कब थे हमें जगा लाते

अभिषेक शुक्ला

हम ऐसे सोए भी कब थे हमें जगा लाते
कुछ एक ख़्वाब तो शब-ख़ून से बचा लाते

ज़ियाँ तो दोनों तरह से है अपनी मिट्टी का
हम आब लाते कि अपने लिए हवा लाते

पता जो होता कि निकलेगा चाँद जैसा कुछ
हम अपने साथ सितारों को भी उठा लाते

हमें यक़ीन नहीं था ख़ुद अपनी रंगत पर
हम इस ज़मीं की हथेली पे रंग क्या लाते

बस और कुछ भी नहीं चाहता था मैं तुम से
ज़रा सी चीज़ थी दुनिया कहीं छुपा लाते

हमारे अज़्म की शिद्दत अगर समझनी थी
तो इस सफ़र में कोई सख़्त मरहला लाते

***

2

लहर का ख़्वाब हो के देखते हैं

अभिषेक शुक्ला

लहर का ख़्वाब हो के देखते हैं
चल तह-ए-आब हो के देखते हैं

उस पे इतना यक़ीन है हम को
उस को बेताब हो के देखते हैं

रात को रात हो के जाना था
ख़्वाब को ख़्वाब हो के देखते हैं

अपनी अरज़ानियों के सदक़े हम
ख़ुद को नायाब हो के देखते हैं

साहिलों की नज़र में आना है
फिर तो ग़र्क़ाब हो के देखते हैं

वो जो पायाब कह रहा था हमें
उस को सैलाब हो के देखते हैं

***

3

सफ़र के बाद भी ज़ौक़-ए-सफ़र न रह जाए

अभिषेक शुक्ला

सफ़र के बाद भी ज़ौक़-ए-सफ़र न रह जाए
ख़याल ओ ख़्वाब में अब के भी घर न रह जाए

मैं सोचता हूँ बहुत ज़िंदगी के बारे में
ये ज़िंदगी भी मुझे सोच कर न रह जाए

बस एक ख़ौफ़ में होती है हर सहर मेरी
निशान-ए-ख़्वाब कहीं आँख पर न रह जाए

ये बे-हिसी तो मिरी ज़िद थी मेरे अज्ज़ा से
कि मुझ में अपने तआक़ुब का डर न रह जाए

हवा-ए-शाम तिरा रक़्स ना-गुज़ीर सही
ये मेरी ख़ाक तिरे जिस्म पर न रह जाए

उसी की शक्ल लिया चाहती है ख़ाक मिरी
सो शहर-ए-जाँ में कोई कूज़ा-गर न रह जाए

गुज़र गया हो अगर क़ाफ़िला तो देख आओ
पस-ए-ग़ुबार किसी की नज़र न रह जाए

मैं एक और खड़ा हूँ हिसार-ए-दुनिया के
वो जिस की ज़िद में खड़ा हूँ उधर न रह जाए

***

4

अब इख़्तियार में मौजें न ये रवानी है

अभिषेक शुक्ला

अब इख़्तियार में मौजें न ये रवानी है
मैं बह रहा हूँ कि मेरा वजूद पानी है

मैं और मेरी तरह तू भी इक हक़ीक़त है
फिर इस के बाद जो बचता है वो कहानी है

तिरे वजूद में कुछ है जो इस ज़मीं का नहीं
तिरे ख़याल की रंगत भी आसमानी है

ज़रा भी दख़्ल नहीं इस में इन हवाओं का
हमें तो मस्लहतन अपनी ख़ाक उड़ानी है

ये ख़्वाग-गाह ये आँखें ये मेरा इश्क़-ए-क़दीम
हर एक चीज़ मिरी ज़ात में पुरानी है

वो एक दिन जो तुझे सोचने में गुज़रा था
तमाम उम्र उसी दिन की तर्जुमानी है

नवाह-ए-जाँ में भटकती हैं ख़ुशबुएँ जिस की
वो एक फूल कि लगता है रात-रानी है

इरादतन तो कहीं कुछ नहीं हुआ लेकिन
मैं जी रहा हूँ ये साँसों की ख़ुश-गुमानी है

***

5
अभी तो आप ही हाइल है रास्ता शब का
अभिषेक शुक्ला

अभी तो आप ही हाइल है रास्ता शब का
क़रीब आए तो देखेंगे हौसला शब का

चली तो आई थी कुछ दूर साथ साथ मिरे
फिर इस के बाद ख़ुदा जाने क्या हुआ शब का

मिरे ख़याल के वहशत-कदे में आते ही
जुनूँ की नोक से फूटा है आबला शब का

सहर की पहली किरन ने उसे बिखेर दिया
मुझे समेटने आयाथा जब ख़ुदा शब का

जमीं पे आ के सितारों ने ये कहा मुझ से
तिरे क़रीब से गुज़रा है क़ाफ़िला शब का

सहर का लम्स मिरी ज़िंदगी बढ़ा देता
मगर गिराँ था बहुत मुझ पे काटना शब का

कभी कभी तो ये वहशत भी हम पे गुज़री है

कि दिल के साथ ही देखा है डूबना शब का

चटख़ उठी है रग-ए-जाँ तो ये ख़याल आया
किसी की याद से जुड़ता है सिलसिला शब का

***

1

अभी तो शाम है ऐ दिल अभी तो रात बाक़ी है

अनवर जलालपुरी

अभी तो शाम है ऐ दिल अभी तो रात बाक़ी है
अमीदे वस्ल वो हिजरे यार की सौग़ात बाक़ी है

अभी तो मरहले दारो रसन तक भी नहीं आये
अभी तो बाज़ीये उलफ़त की हर एक मात बाक़ी है

अभी तो उंगलियाँ बस काकुले से खेली हैं
तेरी ज़ुल्फ़ों से कब खेलें ये बात बाक़ी है

अगर ख़ुशबू न निकले मेरे सपनों से तो क्या निकले
मेरे ख़्वाबों में अब भी तुम, तुम्हारी ज़ात बाक़ी है

अभी से नब्ज़े आलम रूक रही है जाने क्यों 'अनवर'
अभी तो मेरे अफ़साने की सारी रात बाक़ी है

***

2
प्यार को सदियों के एक लम्हे की नफरत खा गई
अनवर जलालपुरी

प्यार को सदियों के एक लम्हे कि नफरत खा गई
एक इबादतगाह ये गन्दी सियासत खा गई

बुत कदों की भीड़ में तनहा जो था मीनार-ए-हक़
वह निशानी भी तअस्सुब की शरारत खा गई

मुस्तक़िल फ़ाक़ो ने चेहरों की बशाशत छीन ली
फूल से मासूम बच्चों को भी गुर्बत खा गई

ऐश कोशी बन गई वजहे ज़वाले सल्तनत
बेहिसी कितने शहन्शाहों की अज़मत खा गई

आज मैंने अपने ग़म का उससे शिकवा कर दिया
एक लग़ज़िश ज़िन्दगी भर की इबादत खा गई

झुक के वह ग़ैरों के आगे खुश तो लगता था मगर
उसकी खुद्दारी को खुद उसकी निदामत खा गई

***

3

हुस्न जब इश्क़ से मन्सूब नहीं होता है

अनवर जलालपुरी

हुस्न जब इश्क़ से मन्सूब नहीं होता है
कोई तालिब कोई मतलूब नहीं होता है

अब तो पहली सी वह तहज़ीब की क़दरें न रहीं
अब किसी से कोई मरऊब नहीं होता है

अब गरज़ चारों तरफ पाँव पसारे है खड़ी
अब किसी का कोई महबूब नहीं होता है

कितने ईसा हैं मगर अम्न-व-मुहब्बत के लिये
अब कहीं भी कोई मस्लूब नहीं होता है

पहले खा लेता है वह दिल से लड़ाई में शिकस्त
वरना यूँ ही कोई मजज़ूब नहीं होता है

***

4
पराया कौन है और कौन अपना सब भुला देंगे
अनवर जलालपुरी

पराया कौन है और कौन अपना सब भुला देंगे
मताए ज़िन्दगानी एक दिन हम भी लुटा देंगे

तुम अपने सामने की भीड़ से होकर गुज़र जाओ
कि आगे वाले तो हर गिज़ न तुम को रास्ता देंगे

जलाये हैं दिये तो फिर हवाओ पर नज़र रखो
ये झोकें एक पल में सब चिराग़ो को बुझा देंगे

कोई पूछेगा जिस दिन वाक़ई ये ज़िन्दगी क्या है
ज़मीं से एक मुठ्ठी ख़ाक लेकर हम उड़ा देंगे

गिला,शिकवा,हसद,कीना,के तोहफे मेरी किस्मत है
मेरे अहबाब अब इससे ज़ियादा और क्या देंगे

मुसलसल धूप में चलना चिराग़ो की तरह जलना
ये हंगामे तो मुझको वक़्त से पहले थका देंगे

अगर तुम आसमां पर जा रहे हो, शौक़ से जाओ
मेरे नक्शे क़दम आगे की मंज़िल का पता देंगे

***

5

पैदा कोई राही कोई रहबर नही होता

अनवर जलालपुरी

पैदा कोई राही कोई रहबर नही होता
बे हुस्न-ए-अमल कोई भी बदतर नही होता

सच बोलते रहने की जो आदत नही होती
इस तरह से ज़ख्मी ये मेरा सर नही होता

कुछ वस्फ तो होता है दिमाग़ों दिलों में
यूँ हि कोई सुकरात व सिकन्दर नही होता

दुश्मन को दुआ दे के ये दुनिया को बता दो
बाहर कभी आपे से समुन्दर नही होता

वह शख़्स जो खुश्बू है वह महकेगा अबद तक
वह क़ैद माहो साल के अन्दर नहीं होता

उन ख़ाना बदोशों का वतन सारा जहाँ है
जिन ख़ानाबदोशोँ का कोई घर नहीं होता

***

1

सबा से आती है कुछ बू-ए-आश्ना मुझ को

उर्फी आफ़ाक़ी

सबा से आती है कुछ बू-ए-आश्ना मुझ को
बुला रहा है मिरी ख़ूँ का ज़ाइका मुझ को

हनूज़ सफ़्हा-ए-हस्ती पे हूँ मैं हर्फ़-ए-ग़लत
कोई हनूज़ है लिख लिख के काटता मुझ को

हज़ार चेहरा तिलिस्म-ए-गुरेज़-पा हूँ मैं
असीर कर न सका कोई आइना मुझ को

चला ही जाऊँ मैं परछाइयों के देस को और
पुकारता रहे किरनों का काफ़िला मुझ को

यही हैं रत-जगे जब से खुलीं मिरी आँखें
न था वो ख़्वाब मिरा इक अज़ाब था मुझ को

चला था मैं तो समुंदर की तिश्नगी ले कर
मिला ये कैसा सराबों का सिलसिला मुझ को

ये बात किस से कहूँ आह इक गुल-ए-ख़ूबी
बड़े ही प्यार से काँटा चुभो गया मुझ को

***

2

फिर क्या जो फूट फूट के ख़ल्वत में रोइए

उर्फ़ी आफ़ाक़ी

फिर क्या जो फूट फूट के ख़ल्वत में रोइए
यकसर जहान ही को न जब तक डुबोइए

दीवाना-वार नाचिये हँसिए गुलों के साथ
काँटे अगर मिलें तो जिगर में चुभोइए

आँसू जहाँ भी जिस की भी आँखों में देखिए
मोती समझ के रिष्ता-ए-जाँ में पिरोइए

हर सुब्ह इक ज़जीरा-ए-नौ की तलाश में
साहिल से दूर शोरिश-ए-तूफ़ाँ के होइए

***

3

रवाँ दवाँ सू-ए-मंज़िल है क़ाफ़िला कि जो था

उर्फ़ी आफ़ाक़ी

रवाँ दवाँ सू-ए-मंज़िल है क़ाफ़िला कि जो था
वही हनूज़ है यक-दश्त फ़ासला कि जो था

निशात-ए-गोश सही जल-तरंग की आवाज़
नफ़स नफ़स है इक आशोब-ए-कर्बला कि जो था

गया भी क़ाफ़िला और तुझ को है वही अब तक
ख़याल-ए-ज़ाद-ए-सफ़र फ़िक्र-ए-राहिला कि जो था

वो आए जाता है कब से पर घर आ नहीं जाता
वही सदा-ए-क़दम का है सिलसिला कि जो था

***

4

बस्ता-लब था वो मगर सारे बदन से बोलता था

उर्फ़ी आफ़ाक़ी

बस्ता-लब था वो मगर सारे बदन से बोलता था
भेद गहरे पानियों के चुपके चुपके खोलता था

था अजब कुछ सेहर-सामयाँ ये भी अचरज हम ने देखा
छानता था ख़ाक-ए-सहरा और मोती रोलता था

रच रहा था धीरे-धीरे मुझ में नशा तीरगी का
कौन था जो मेरे पैमाने में रातें घोलता था

डर के मारे लोग थे दुबके हुए अपने घरों में
एक बादल सा धुएँ का बस्ती बस्ती डोलता था

काँप काँप उठता था मेरा मैं ही ख़ुद मेरे मुक़ाबिल
मैं नहीं तो फिर वो किस पर कौन ख़ंजर तौलता था

***

5

वो ध्यान की राहों में जहाँ हम को मिलेगा

उर्फ़ी आफ़ाक़ी

वो ध्यान की राहों में जहाँ हम को मिलेगा
बस एक छलावे सा कोई दम को मिलेगा

अनजानी ज़मीनों से मुझे देगा सदा वो
नैरंग-ए-नवा-शौक़ की सरगम को मिलेगा

मैं अजनबी हो जाऊँगा ख़ुद अपनी नज़र में
जिस दम वो मिरे दीदा-ए-पुर-नम को मिलेगा

जो नक़्श कि अर्ज़ंग-ए-ज़माना में नहीं है
उस दिल के धड़कते हुए अल्बम को मिलेगा

रूत वस्त की आएगी चली जाएगी लेकिन
कुछ रंग तो यूँ हिज्र के मौसम को मिलेगा

ये दिल कि है ठुकराया हुआ सारे जहाँ का
घर एक यही है जो तिरे गम को मिलेगा

पत्थर है तो ठोकर में रहे पा-ए-तलब की
दिल है तो उसी तुर्रा-ए-पुर-ख़म को मिलेगा

गर शीशा-ए-मय है तो हो औरों को मुबारक
है जाम-ए-जहाँ-बीं तो फ़क़त जम को मिलेगा

लहराते रहेंगे चमनिस्ताँ में शरारे
ख़ार ओ ख़स ओ ख़ाशाक ही आलम को मिलेगा

मालूम है 'उर्फ़ी' जो है क़िस्मत में हमारी
सहरा ही कोई गिर्या-ए-शबनम को मिलेगा

***

1

गर्दिश में अगर मेरा सितारा नहीं होता

ओम प्रकाश नदीम

गर्दिश में अगर मेरा सितारा नहीं होता ।
मुझको तेरा उपदेश गवारा नहीं होता ।

थोड़े ने जगा दी है बहुत-कुछ की तमन्ना,
अब क्या करें थोड़े में गुज़ारा नहीं होता ।

दुनिया से हमें इतनी मोहब्बत नहीं होती,
दुनिया में अगर कोई हमारा नहीं होता ।

हर ज़र्रे को सूरज में बदल दे कोई फिर भी,
नज़रें नहीं होतीं तो नज़ारा नहीं होता ।

कुछ सोच न पाता कि मैं लौटूँ कि न लौटूँ,
कुछ सोच के तुमने जो पुकारा नहीं होता ।

***

2

मेरे चमन में एक नया गुल खिला है गन्नू

ओम प्रकाश नदीम

मेरे चमन में एक नया गुल खिला है गन्नू
क़ुदरत ने अनमोल-सा तोहफा दिया है गन्नू

मुझको पापा कहने वाला कितना ख़ुश है
उसको पापा कहने वाला मिला है गन्नू

इससे बढ़कर और कोई आनन्द कहाँ है
मेरी गोद में बैठा है हँस रहा है गन्नू

मैं क्या उसकी दादी और बड़े पापा भी
ख़ुश होकर कहते हैं हम पर गया है गन्नू

होड़ लगी रहती है पहले कौन खिलाए
एक खिलौना घर भर को मिल गया है गन्नू

मम्मी की ममता आँखों में भर आई है
आँखों से मम्मी-मम्मी कह रहा है गन्नू

उसका हुक्म बजाना पड़ता है मुझको भी
दादा जी का भी दादा आ गया है गन्नू

ख़ूब फले-फूले जीवन सुखमय हो तेरा
तेरे हक़ में हम सब की ये दुआ है गन्नू

***

3

फ़ैसले ने कर दिया तै कौन किसके हक़ में है

ओम प्रकाश नदीम

फ़ैसले ने कर दिया तै कौन किसके हक़ में है
बस हमारा हौसला ही अब हमारे हक़ में है

मैं ख़फ़ा हो जाऊँ तुमसे तो बुरा मत मानना
ये ख़फ़ा होने का मेरा हक़ तुम्हारे हक़ में है

वो जुनून-ए-इश्क़ मेरा और ये उसका सिला
वो भी तेरे हक़ में था और ये भी तेरे हक़ में है

ऐ समुन्दर पार कर सकता हूँ मैं तुझको मगर
डूबना मेरा तेरी गहराइयों के हक़ में है

फ़िक्र के जो भी दिए रौशन हैं सब बुझ जाएँगे
ये गलैमर की हवा है तीरगी के हक़ में है

फिर से नारा-ए-बग़ावत ने ये साबित कर दिया
वो असर हक़ में नहीं है जो सदा-ए-हक़ में है

***

4

तुम्हारा रुख़ बदल जाने से दिल में आस उग आई

ओम प्रकाश नदीम

तुम्हारा रुख़ बदल जाने से दिल में आस उग आई ।
ज़मीं सूखी थी पानी पा गई तो घास उग आई ।

सुना है मज़हबों ने बीज बोए थे मोहब्बत के,
कहाँ से फिर ये नफ़रत भी उसी के पास उग आई ।

अभी अच्छी तरह जिद्दत पनपने भी न पाई थी,
अचानक ज़ह्न में अज्दाद की बू-बास उग आई ।

ये मंज़र देखने की ताब भी लानी पड़े शायद,
जहाँ पर फर्श पक्की थी वहाँ भी घास उग आई ।

ज़माने का असर आब-ओ-हवा पर पड़ गया ज़ालिम,
उमीदों ही के साए में निगोडी यास उग आई ।

जहाँ सहरा है सोचो तो वहाँ का हाल क्या होगा,
जहाँ दरियादिली थी अब वहाँ भी प्यास उग आई ।

***

5

उसे पता ही नहीं रंज में ख़ुशी क्या है

ओम प्रकाश नदीम

उसे पता ही नहीं रंज में ख़ुशी क्या है ।
वो जानता ही नहीं लुत्फ़-ए-ज़िन्दगी क्या है ।

उन्हें तो मिलते हैं पीने को मुफ्त में दरया,
समुन्दरों से न पूछो कि तिश्नगी क्या है ।

न धूप ने कभी देखी है तीरगी शब की,
न धूप को ये पता है कि चाँदनी क्या है ।

अगर तू वाक़ई बारिश है तो बरस जम कर,
चटा दे धूल घटाओं को देखती क्या है ।

हज़ार लाख सितारे खला में हैं लेकिन,
जो तीरगी न मिटाए वो रौशनी क्या है ।

'नदीम' शेख़-ओ-बिरहमन ग़रीब क्या जानें,
शराब क्या है, सुबू क्या है, मयकशी क्या है ।

***

1

हर एक गाम में रंज-ए-सफ़र उठाते हुए

कामी शाह

हर एक गाम में रंज-ए-सफ़र उठाते हुए
मैं आ पड़ा हूँ यहाँ तुझ से दूर जाते हुए

अजीब आग थी जिस ने मुझे फ़रोग़ दिया
इक इंतिज़ार में रक्खे दिए जलाते हुए

तवील रात से होता है बर सर-ए-पैकार
सो चाक तेज़ हुआ है मुझे बनाते हुए

ये तेज़-गामी-ए-सहरा अलग मिज़ाज की है
जो मुझ से भाग रही है क़रीब आते हुए

है एक शोर गुज़िश्ता मिरे तआक़ुब में
मैं सुन रहा हूँ जिसे अपने पार आते हुए

शरीक-ए-आतिश ओ आब-ओ-हवा ओ ख़ाक रहे
मिरे अनासिर-ए-तरतीब शक्ल पाते हुए

बहुत क़रीब से गुज़री है वो नवा-ए-सफ़ेद
मिरे हवास का नीला धुआँ उड़ाते हुए

मैं इम्तिज़ाज-ए-क़दीम-ओ-जदीद हूँ 'कामी'
सो हम-अस्र ही पढ़ना मुझे बुलाते हुए

***

2

दिल की आवाज़ में क़याम करें

कामी शाह

दिल की आवाज़ में क़याम करें
आ मिरे यार आ कलाम करें

तितलियाँ ढूँडने में दिन काटें
और जंगल में एक शाम करें

आईनों को बुलाएँ घर अपने
और चराग़ों को एहतिमाम करें

उस के होंटों को ध्यान में रख कर
सुर्ख़-फूलों को इंतिज़ार करें

जिस के दम से है ये सुख़न आबाद
ये ग़ज़ल भी उसी के नाम करें

***

3

अगर कार-ए-मोहब्बत में मोहब्बत रास आ जाती

कामी शाह

अगर कार-ए-मोहब्बत में मोहब्बत रास आ जाती
तुम्हारा हिज्र अच्छा था जो वसलत रास आ जाती

गला फाड़ा नहीं करते रफ़ू दरयाफ़्त करने में
अगर बेकार रहने की मशक़्क़त रास आ जाती

तुम्हें सय्याद कहने से अगर हम बाज़ आ जाते
हमें भी इस तमाशे में सुकूनत रास आ जाती

फ़क़त ग़ुस्सा पिए जाते हैं रोज़ ओ शब के झगड़ में
कोई हँगाम कर सकते जो वहशत रास आ जाती

अगर हम पार कर सकते ये अपनी ज़ात का सहरा
तो अपने साथ रहने की सहूलत रास आ जाती

***

4

अगर में सच कहूँ तो सब्र ही की आज़माइश है

कामी शाह

अगर में सच कहूँ तो सब्र ही की आज़माइश है
ये मिट्टी इम्तिहाँ प्यारे ये पानी आज़माइश है

निकल कर ख़ुद से बाहर भागने से ख़ुद में आने तक
फ़रार आख़िर है ये कैसा ये कैस आज़माइश है

तलाश-ए-ज़ात में हम किसी बाज़ार-ए-हस्ती में
तिरा मिलना तिरा खोना अलग ही आज़माइश है

नबूद ओ बूद के फैले हुए इस कार-ख़ाने में
उछलती कूदती दुनिया हमारी आज़माइश है

मिरे दिल के दरीचे से उचक कर झाँकती बाहर
गुलाबी एड़ियों वाली अनोखी आज़माइश है

ये तू जो ख़ुद पे नाफ़िज़ हो गया है शाम की सूरत
तो जानी शाम की कब है ये तेरी आज़माइश है

दिए के और हवाओं के मरासिम घुल नहीं पाते
नहीं खुलता कि इन में से किस की आज़माइश है

***

5

इक नए मसअले से निकले हैं

कामी शाह

इक नए मसअले से निकले हैं
ये जो कुछ रास्ते से निकले हैं

काग़ज़ी हैं ये जितने पैराहन
एक ही सिलसिले से निकले हैं

ले उड़ा है तिरा ख़याल हमें
और हम क़ाफ़िले से निकले हैं

याद रहते हैं अब जो काम हमें
ये उसे भूलने से निकले हैं

***

1

दिल पे कोई नशा न तारी हो

कविता किरण

दिल पे कोई नशा न तारी हो,
रूह तक होश में हमारी हो।

चंद फकीरों के संग यारी हो,
मुट्ठी में कायनात सारी हो।

हैं सभी हुस्न की इबादत में,
कौन अख़लाक़ का पुजारी हो।

ज़ख्म भी दे लगाए मरहम भी,
इस कदर नर्म-दिल शिकारी हो।

चाहती हूँ मेरे ख़ुदा मुझ पर
बस तेरे नाम की खुमारी हो।

मौत आए तो बेझिझक चल दें
इतनी पुख़्ता 'किरण' तयारी हो।

***

2
दोस्ती किस तरह निभाते हैं
कविता किरण

दोस्ती किस तरह निभाते हैं,
मेरे दुश्मन मुझे सिखाते हैं।

नापना चाहते हैं दरिया को,
वो जो बरसात में नहाते हैं।

ख़ुद से नज़रें मिला नही पाते,
वो मुझे जब भी आजमाते हैं।

ज़िन्दगी क्या डराएगी उनको,
मौत का जश्न जो मनाते हैं।

ख़्वाब भूले हैं रास्ता दिन में,
रात जाने कहाँ बिताते हैं।

***

3

ज़िन्दगी को इक नया-सा मोड़ दे

कविता किरण

ज़िन्दगी को इक नया-सा मोड़ दे,
अपनी कश्ती को भंवर में छोड़ दे।

हौसले की इक नई तहरीर लिख,
खौफ़ की सारी हदों को तोड़ दे।

फ़िर किसी इज़हार को स्वीकार कर,
इक नए रिश्ते से रिश्ता जोड़ दे।

जिसका हासिल हार केवल हार है,
क्यों भला जीवन को ऐसी होड़ दे।

सब्र के प्याले की मानिंद जा छलक,
अपनी सोई रूह को झिंझोड़ दे।

ज़िन्दगी के मसअलों का ऐ 'किरण'
दे कोई अब हल मगर बेजोड़ दे।

***

4
वापस न लौटने की ख़बर छोड़ गए हो
कविता किरण

वापस न लौटने की ख़बर छोड़ गए हो
मैंने सुना है तुम ये शहर छोड़ गए हो

दीवाने लोग मेरी कलम चूम रहे हैं
तुम मेरी ग़ज़ल में वो असर छोड़ गए हो

सारा ज़माना तुमको मुझ में ढूंढ रहा है
तुम हो की ख़ुद को जाने किधर छोड़ गए हो

दामन चुरानेवाले मुझको ये तो दे बता
क्यों मेरे पीछे अपनी नज़र छोड़ गए हो

मंजिल की है ख़बर न रास्तों का है पता
ये मेरे लिए कैसा सफर छोड़ गए हो

ले तो गए हो जान-जिगर साथ ऐ 'किरण'
ले जाओ अपना दिल भी अगर छोड़ गए हो

***

5

जिसकी आँखों में सिर्फ पानी है

कविता किरण

जिसकी आँखों में सिर्फ पानी है
वो ग़ज़ल आपको सुनानी है

अश्क कैसे गिरा दूँ पलकों से
मेरे महबूब की निशानी है

लब पे वो बात ला नहीं पाए
जो कि हर हाल में बतानी है

कहीं आंसू कहीं तबस्सुम है
कुछ हकीकत है कुछ कहानी है

हमने लिखा नहीं किताबों में
अपना जो भी है मुंह ज़बानी है

कर दी आसान मुश्किलें सारी
मौत भी किस क़दर सुहानी है

आज तो बोल दे 'किरण' सब कुछ
ख़त्म पर फिर तो जिंदगानी है

***

1

कुछ तो सच्चाई के शह-कार नज़र में आते

जमुना प्रसाद 'राही'

कुछ तो सच्चाई के शह-कार नज़र में आते
काश हम लोग न ख़्वाबों के असर में आते

हम ने इस ख़ौफ से ख़ाकों को मुकम्मल न किया
शाम के रंग भी तस्वीर-ए-सहर में आते

जब के हर रौज़न-ए-दीवार नमक-दाँ ठहरा
कैसे मजरूह उजाले मेरे घर पे आते

सोए-पनघट पे जमी बर्फ़ पिघल सकती थी
प्यासे सूरज तो कभी मेरे नगर में आते

अजनबियत के दरीचों में खुली थी आँखें
किस के साए मेरे ख़्वाबों के खँडर में आते

***

2
तस्वीर का रंग नज़र में है
जमुना प्रसाद 'राही'

तस्वीर का रंग नज़र में है
क्या बात तेरे दस्त-ए-हुनर में है

सोना सा पिघलता है रग ओ पै में
ख़ुर्शीद-ए-हवस कासा-ए-सर में है

निकला हूँ तो क्या रख़्त-ए-सफर बाँधूं
जो कुछ है वो सब राह-गुज़र में है

इक रात है फैली हुई सदियों पर
हर लम्हा अँधेरों के असर में है

पानी है सराबों से विरासत में
वो ख़ाक जो दामान-ए-नज़र में है

पेशानी-ए-आईना पे हो ज़ाहिर
जो जख़्म दिल-ए-आईना-गर में है

क्या महकें तमन्नाओं के गुल बूटे
वीरानी-ए-सहरा मेरे घर में है

***

3

कश्तियाँ डूब रही हैं कोई साहिल लाओ

जमुना प्रसाद 'राही'

कश्तियाँ डूब रही हैं कोई साहिल लाओ
अपनी आँखें मेरी आँखों के मुक़ाबिल लाओ

फूल कागज़ के हैं अब काँच के गुल-दानों में
तुम भी बाज़ार से पत्थर के अनादिल लाओ

एक आवाज़ उभरती है पस-ए-मंज़र-ए-ख़ूँ
ऐ उजालो मेरी तस्वीर का क़ातिल लाओ

मुड़ के देखोगे तो पत्थर से बदल जाओगे
अब तसव्वुर में न छोड़ी हुई मंज़िल लाओ

रौशनी है मेरी वीरान-निगाही का सबब
अब न चेहरा कोई सूरज के मुमासिल लाओ

***

4

दयार-ए-संग में रह कर भी शीशा-गर था मैं

जमुना प्रसाद 'राही'

दयार-ए-संग में रह कर भी शीशा-गर था मैं
ज़माना चीख़ रहा था के बे-ख़बर था मैं

लगी थी आँख तो मरयम की गोद का था गुमाँ
खुली जब आँख तो देखा सलीब पर था मैं

अमाँ किसे थे मेरे साए में जो रूकता कोई
ख़ुद अपनी आग में जलता हुआ शजर था मैं

तमाम उम्र न लड़ने का ग़म रहा मुझ को
अजब महाज़ पे हारा हुआ ज़फर था मैं

हवा-ए-वक़्त ने पत्थर बना दिया वरना
लचकती शाख़ से टूटा हुआ समर था मैं

तमाम शहर में जंगल की आग हो जैसे
हवा के दोष पे उड़ती हुई ख़बर था मैं

***

5

गाँव से गुजरेगा और मिट्टी के घर ले जाएगा

जमुना प्रसाद 'राही'

गाँव से गुजरेगा और मिट्टी के घर ले जाएगा
एक दिन दरिया सभी दीवार ओ दर ले जाएगा

घर की तन्हाई में यूँ महसूस होता है मुझे
जैसे कोई मुझ को मुझ से छीन कर ले जाएगा

कौन देगा उस को मेरी तह-नशीनी का पता
कौन मेरे डूब जाने की ख़बर ले जाएगा

आईने वीराँ-निगाही का सबब बन जाएँगे
ख़ुद-पसंद का जुनूँ ताब-ए-नज़र ले जाएगा

सुब्ह के सीने से फूटेग शुआ-ए-मेहर-ए-नौ
सब अँधेरे रात के दस्त-ए-सहर ले जाएगा

जज़्बा-ए-जोहद-ए-मुसलसल है बिना-ए-जिंदगी
ये गया तो सारा जीने का हुनर ले जाएगा

***

1

ख़त्म करना है मुझे ख़्वाब का क़िस्सा इक दिन

तसनीफ़ हैदर

ख़त्म करना है मुझे ख़्वाब का क़िस्सा इक दिन
बन के ताबीर कहीं तू मुझे मिल जा इक दिन

तुझ को आना है तो जल्दी से चली आ मुझ में
बंद होना है मिरी आँखों का रस्ता इक दिन

मुझे में तहलील न होने का जुनूँ है उस को
और मैं होश से ये काम करूँगा इक दिन

मैं ने इस रात की ख़ातिर कई दिन हारे हैं
अब तो बस चाहिए मुझ को मिरा हिस्सा इक दिन

इसलिए हम ने बुराई से भी नफ़रत नहीं की
क्यूँकि हम ढूँढ रहे थे कोई अच्छा इक दिन

***

2

उसी की बातों से क्यूँ कीन-ओ-कद किया मैं ने

तसनीफ़ हैदर

उसी की बातों से क्यूँ कीन-ओ-कद किया मैं ने
वो शख़्स जिस को हमेशा सनद किया मैं ने

मिरा अज़ल ही नहीं था कभी तो मत पूछो
कि कैसे अपने अज़ल को अबद किया मैं ने

वो मुझ पे मज़हबी अहकाम जैसा हावी था
सो उस की ज़ात को मुश्किल से रद किया मैं ने

बस इक सदा-ए-अनल-वक़्त मुझ में ज़िंदा रही
जो ख़ुद को ख़ुद से कभी ना-बलद किया मैं ने

मैं तेरे जिस्म से बाहर कभी गया ही नहीं
बदन-लकीर को आँखों की हद किया मैं ने

***

3

फिर कोई रूप ले कर ज़िंदा न हो सकूँगा

तसनीफ़ हैदर

फिर कोई रूप ले कर ज़िंदा न हो सकूँगा
जब तक न मैं ख़ुद अपनी मिट्टी में जा मिलूँगा

ये रौशनाई यूँही लिखती रहेगी मुझ को
और मैं भी क्या मज़े से ये दास्ताँ पढ़ूँगा

और जब समेट लेगी मुझ को मिरी ख़ामोशी
आवाज़ की तरह से ख़ुद को सुना करूँगा

मैं रास्ता हूँ मुझ पर से सब गुज़र रहे हैं
मैं कौन सा किसी के दामन को थाम लूँगा

बादल की तरह मुझ पर छाया हुआ है कोई
वो नम हुआ तो जैसे मैं भी बरस पड़ूँगा

ज़िंदा रहेंगे यूँही मेरे हुरूफ़ मुझ में
मैं लफ़्ज़ हूँ बदल कर कुछ और हो रहूँगा

***

4

जब भी मिरा ख़ालिक मुझे ईजाद करेगा

तसनीफ़ हैदर

जब भी मिरा ख़ालिक मुझे ईजाद करेगा
हर तरह से मजमुआ-ए-इज़्दाद करेगा

मैं लौट के फिर उस की ही जानिब न चला आऊँ
वो सोच समझ कर मुझे आज़ाद करेगा

हम को तो ये ख़ुश-फ़हमी नहीं हैं कि ज़माना
जब हम नहीं होंगे तो हमें याद करेगा

अब भी मुझे है उस चाँद-बदन से
इक रात वो मेरे लिए बर्बाद करेगा

पहले वो उजाड़ेगा बुरी तरह से मुझ को
फिर मुझ में बसेगा मुझे आबाद करेगा

बस देखने आ जाएगा यूँ ही मुझे इक दिन
ये काम अगरचे वो मिरे बाद करेगा

इस काम में मसरूफ़ रहेगा कहीं दिन भर
तय्यार मगर रात को शब-ज़ाद करेगा

***

5

कैसे बदलेगा ये मंज़र सोचता रहता हूँ मैं

तसनीफ़ हैदर

कैसे बदलेगा ये मंज़र सोचता रहता हूँ मैं
बोलता कुछ भी नहीं पर देखता रहता हूँ मैं

बंद कर लेता है वो बिस्तर की मुट्ठी में मुझे
और नंगे जिस्म के अंदर खुला रहता हूँ मैं

जानता हूँ हर्फ़-कारी का कोई मतलब नहीं
फिर भी ग़ज़लों में तुझी से बोलता रहता हूँ मैं

कुछ नहीं मिलना मुझे मालूम है अच्छी तरह
फिर भी जैसे तुझ को ख़ुद में ढूँढता रहता हूँ मैं

चाहता भी हूँ कि वो इक दिन मुझे खुल कर पढ़े
जब कि उस के सामने ही कम-नुमा रहता हूँ मैं

क्यूँ नहीं कहता ख़ुदा से भी मिल जाए मुझे
कौन है जिस के लिए ख़ामोश सा रहता हूँ मैं

और जब हासिल मुझे हो जाएँ तेरी गर्मियाँ
बर्फ़ हो कर अपने ऊपर ही जमा रहता हूँ मैं

***

1

समंदर पुर-सुकूँ है दिल का तुग़यानी नहीं कोई

निकहत बरेलवी

समंदर पुर-सुकूँ है दिल का तुग़यानी नहीं कोई
हवा पुर-शोर है लेकिन परेशानी नहीं कोई

तअज्जुब है तो बस अपनी वफ़ादारी के जज़्बे पर
हमे उस के बदले जाने पे हैरानी नहीं कोई

तसलसुल ख़्वाब-ए-ख़ुश-आसार का यूँ टूट जाने पर
तअस्सुफ़ है मगर ऐ दिल पशीमानी नहीं कोई

हम अपने आप ही के दर पए आज़ार रहते हैं
हमारा हम से बढ़ कर दुश्मन-ए-जानी नहीं कोई

इधर आने से पहले ही हमें मालूम था 'निकहत'
ये वो रस्ता है जिस रस्ते में आसानी नहीं कोई

***

2

अब उस की याद सताने को बार बार आए

निकहत बरेलवी

अब उस की याद सताने को बार बार आए
वो ज़िंदगी जो तिरे शहर में गुज़ार आए

ये बेबसी भी नहीं लुत्फ़-ए-इख़्तियार से कम
ख़ुदा करे न कभी दिल पे इख़्तियार आए

क़दम क़दम पे गुलिस्ताँ खिले थे रस्ते में
अजीब लोग हैं हम भी कि सू-ए-दार आए

न चहचहे न सुरूद-ए-शगुफ़्तगी न महक
किसे अब ऐसी बहारों पे ए'तिबार आए

जुनूँ को अब के गरेबाँ से क्या मिलेगा कि हम
ब-फ़ैज़-ए-मौसम-ए-गुल पैरहन उतार आए

तिरी लगन ने ज़माने की ख़ाक छनवाई
तिरी तलब में तमाम आरज़ुएँ हार आए

ये फ़ख़्र कम तो नहीं कू-ए-यार में 'निकहत'
न शर्मसार गए थे न शर्मसार आए

***

3
अब अहल-ए-दिल हैं कि नायाब होते जाते हैं
निकहत बरेलवी

अब अहल-ए-दिल हैं कि नायाब होते जाते हैं
ग़ुबार-ए-ख़ातिर अहबाब होते जाते हैं

तुम्हारे आने से कुछ इज़्तिराब कम होता
ये क्या कि और भी बेताब होते जाते हैं

सुकूँ-मआब समझते थे जिन किनारों को
सिमट के हल्क़ा-ए-गिर्दाब होते जाते हैं

हमें भी रात को दिन कहना आता जाता है
कि हम भी हामिल-ए-आदाब होते जाते हैं

हमें मिले न मिले ज़िंदगी मगर 'निकहत'
सुना है ज़ीस्त के अस्बाब होते जाते हैं

***

4

रह-ए-वफ़ा के हर इक पेच-ओ-ख़म को जान लिया

निकहत बरेलवी

रह-ए-वफ़ा के हर इक पेच-ओ-ख़म को जान लिया
जुनूँ में दश्त ओ बयाबाँ तमाम छान लिया

हर इक मक़ाम से हम सुर्ख़-रू गुज़र आए
क़दम क़दम पे मोहब्बत ने इम्तिहान लिया

गराँ हुई थी ग़म-ए-ज़िंदगी की धूप मगर
किसी की याद ने इक शामियाना तान लिया

तुम्हीं को चाहा बहरहाल और तुम्हारे सिवा
ज़मीन माँगी किसी से न आसमान दिया

ब-एहतियात चले राह-ए-ज़िंदगी फिर भी
जगह जगह हमें गर्द-ए-सफ़र ने आन लिया

***

5

ऐ दिल समाअतों पे सितम की दुहाई दे

निकहत बरेलवी

ऐ दिल समाअतों पे सितम की दुहाई दे
इस बे-कराँ सुकूत में कुछ तो सुनाई दे

ये वस्फ़ भी कमाल-ए-जुनूँ आश्नाई दे
हर आईने में इक वही सूरत दिखाई दे

मैं भी तो रंग-ओ-बू का तमाशा करूँ कभी
क़ुदरत मिरे चमन को भी जल्वा-नुमाई दे

दिल की बसारतों का ये एजाज़ है कि मैं
आँखें भी बंद रक्खूँ तो रस्ता दिखाई दे

हर सम्त ज़िंदगी का है मेला लगा हुआ
लेकिन हर आदमी यहाँ तन्हा दिखाई दे

***

1

दिल की हालत बिगड़ रही है क्यूँ

बेगम रज़िया हलीम जंग

दिल की हालत बिगड़ रही है क्यूँ
हर नफ़स मुझ को बे-कली है क्यूँ

दिल लगाता है बस सदा तेरी
बे-क़रारी ये बढ़ रही है क्यूँ

उस के कूचे में उम्र गुज़री फिर
कूचा-ए-यार अजनबी है क्यूँ

जिस्म जंजीर हो भी सकता है
रूह आज़ाद है रूकेगी क्यूँ

अब ये समझी हूँ जब बनी जाँ पर
मरकज़-ए-जाँ तेरी गली है क्यूँ

***

2

हमेशा माँगते रहना मेरी आदत पुरानी है

बेगम रज़िया हलीम जंग

हमेशा माँगते रहना मेरी आदत पुरानी है
हमेशा ही अता करना ये तेरी मेहर-बानी है

मुकम्मल है तेरी यकताई इस में शक नहीं कोई
न कोई तेरे जैसा है न कोई तेरा सानी है

ये नज़्म-ए-काएनात एहसास ये हम को कराता है
यहाँ हर इक नज़ारा तेरे होने की निशानी है

गुनाहों पर मेरे ये तेरी रहमत का करिश्मा है
ज़मीं पर सब्ज़ हैं जंगल न दरया है न पानी है

मेरे आमाल तो ऐसे नहीं है ऐ मेरे मौला
बना दे तू मुझे मोमिन तो तेरी मेहर-बानी है

गुनाहों पर गुनह करती है लेकिन बख़्श दे इस को
ख़ुदाया उम्मत-ए-महबूब की ये इक दिवानी है

***

3

मैं मुब्तला-ए-इश्क़ हूँ मुझ को पता न था

बेगम रज़िया हलीम जंग

मैं मुब्तला-ए-इश्क़ हूँ मुझ को पता न था
जब तक किसी ने हाल ये मेरा कहा न था

पाया है जब से तुझ को है तकमील का सुरूर
मैं थी अधूरी तू मुझे जब तक मिला न था

अल्लाह तेरे इश्क़ में हूँ हाल से बे-हाल
तब तक बड़े मज़े में थी जब तक दिल लगा न था

***

4

दामन भी चाक और गिरेबाँ भी तार तार

बेगम रज़िया हलीम जंग

दामन भी चाक और गिरेबाँ भी तार तार
दिल टुकड़े हो के देखिये रोता है ज़ार ज़ार

काँधे भी झुक गए हैं गुनाहों के बोझ से
लरज़ाँ हूँ हर कदम पे मैं गिरती हूँ बार-बरा

ईमाँ को कर क़वी मेरे क़ुर्बत भी अपनी दे
मुझ को पनाह दे तेरी रहमत के मैं निसार

अल्लाह तुझ को तोला ओ रत्ती की है ख़बर
बच्चों को दे अमाँ मेरे वो भी हैं होनहार

***

5

न मिलता दर जो तेरा तो मैं दर दर ही भटक जाती

बेगम रज़िया हलीम जंग

न मिलता दर जो तेरा तो मैं दर दर ही भटक जाती
अँधेरे में फ़ना होती बुतों की दास कहलाती

न क़ुरआँ ही मुझे मिलता न ईमाँ ही मुझे मिलता
बजाए जन्नतुल-फ़िर्दौस दोज़ख में जगह पाती

न काबा सामने होता न तैबा सामने होता
जहाँ में कुफ्र और इल्हाद ही होते मेरे साथी

वज़ू करती न ज़मज़म से न होती पाक-तीनत मैं
न मेरे हाथ में उस पाक काबा की रिदा आती

न वहदत मुनकशिफ़ होती न मिलता नूर वहदत का
हुज़ूर-ए-पाक की मुझ को शफ़ाअत भी न मिल पाती

बहुत मश्कूर हूँ तेरी बनाया मोमिन मुझ को
के इस बे-नूर हस्ती के दिए को बख़्श दी बाती

***

विषय-सूची

	कवि	*ग़ज़ल*	
1	अभिषेक शुक्ला	हम ऐसे सोए भी कब थे हमें जगा लाते	5
2	अभिषेक शुक्ला	लहर का ख़्वाब हो के देखते हैं	6
3	अभिषेक शुक्ला	सफ़र के बाद भी ज़ौक़-ए-सफ़र न	7
4	अभिषेक शुक्ला	अब इख़्तियार में मौजें न ये रवानी है	9
5	अभिषेक शुक्ला	अभी तो आप ही हाइल है रास्ता शब का	11
6	अनवर जलालपुरी	अभी तो शाम है ऐ दिल अभी तो रात	13
7	अनवर जलालपुरी	प्यार को सदियों के एक लम्हे की	14
8	अनवर जलालपुरी	हुस्न जब इश्क़ से मन्सूब नहीं होता है	16
9	अनवर जलालपुरी	पराया कौन है और कौन अपना सब	17
10	अनवर जलालपुरी	पैदा कोई राही कोई रहबर नही होता	19
11	उर्फी आफ़ाक़ी	सबा से आती है कुछ बू-ए-आश्ना मुझ को	20
12	उर्फी आफ़ाक़ी	फिर क्या जो फूट फूट के ख़ल्वत में रोइए	22
13	उर्फी आफ़ाक़ी	रवाँ दवाँ सू-ए-मंज़िल है क़ाफ़िला कि जो था	23
14	उर्फी आफ़ाक़ी	बस्ता-लब था वो मगर सारे बदन से बोलता	24

15	उर्फी आफ़ाक़ी	वो ध्यान की राहों में जहाँ हम को मिलेगा	25
16	ओम प्रकाश नदीम	गर्दिश में अगर मेरा सितारा नहीं होता	27
17	ओम प्रकाश नदीम	मेरे चमन में एक नया गुल खिला है गन्नू	28
18	ओम प्रकाश नदीम	फ़ैसले ने कर दिया तै कौन किसके	30
19	ओम प्रकाश नदीम	तुम्हारा रुख़ बदल जाने से दिल में	32
20	ओम प्रकाश नदीम	उसे पता ही नहीं रंज में ख़ुशी क्या है	34
21	कामी शाह	हर एक गाम में रंज-ए-सफ़र उठाते हुए	35
22	कामी शाह	दिल की आवाज़ में क़याम करें	37
23	कामी शाह	अगर कार-ए-मोहब्बत में मोहब्बत रास	38
24	कामी शाह	अगर में सच कहूँ तो सब्र ही की आज़माइश	39
25	कामी शाह	इक नए मसअले से निकले हैं	41
26	कविता किरण	दिल पे कोई नशा न तारी हो	42
27	कविता किरण	दोस्ती किस तरह निभाते हैं	43
28	कविता किरण	ज़िन्दगी को इक नया-सा मोड़ दे	44
29	कविता किरण	वापस न लौटने की ख़बर छोड़ गए हो	45
30	कविता किरण	जिसकी आँखों में सिर्फ पानी है	46
31	जमुना प्रसाद 'राही'	कुछ तो सच्चाई के शह-कार नज़र में	48
32	जमुना प्रसाद 'राही'	तस्वीर का रंग नज़र में है	49
33	जमुना प्रसाद 'राही'	कश्तियाँ डूब रही हैं कोई साहिल लाओ	51
34	जमुना प्रसाद 'राही'	दयार-ए-संग में रह कर भी शीशा-गर	52

35	जमुना प्रसाद 'राही'	गाँव से गुजरेगा और मिट्टी के घर	54
36	तसनीफ़ हैदर	ख़त्म करना है मुझे ख़्वाब का क़िस्सा इक दिन	56
37	तसनीफ़ हैदर	उसी की बातों से क्यूँ कीन-ओ-कद किया मैं ने	57
38	तसनीफ़ हैदर	फिर कोई रूप ले कर ज़िंदा न हो सकूँगा	58
39	तसनीफ़ हैदर	जब भी मिरा ख़ालिक मुझे ईजाद करेगा	60
40	तसनीफ़ हैदर	कैसे बदलेगा ये मंज़र सोचता रहता हूँ मैं	62
41	निकहत बरेलवी	समंदर पुर-सुकूँ है दिल का तुग़्यानी	64
42	निकहत बरेलवी	अब उस की याद सताने को बार बार	65
43	निकहत बरेलवी	अब अहल-ए-दिल हैं कि नायाब होते	67
44	निकहत बरेलवी	रह-ए-वफ़ा के हर इक पेच-ओ-ख़म	68
45	निकहत बरेलवी	ऐ दिल समाअतों पे सितम की दुहाई दे	69
46	बेगम रज़िया ह. जंग	दिल की हालत बिगड़ रही है क्यूँ	70
47	बेगम रज़िया ह. जंग	हमेशा माँगते रहना मेरी आदत पुरानी है	71
48	बेगम रज़िया ह. जंग	मैं मुब्तला-ए-इश्क़ हूँ मुझ को पता न था	72
49	बेगम रज़िया ह. जंग	दामन भी चाक और गिरेबाँ भी तार तार	73
50	बेगम रज़िया ह. जंग	न मिलता दर जो तेरा तो मैं दर दर ही	74